BEI GRIN MACHT SICH IHR WISSEN BEZAHLT

Raoul Hansche

Phillip II. im Urteil der Zeitgenossen und späterer Historiker

GRIN Verlag

Bibliografische Information der Deutschen Nationalbibliothek:

Die Deutsche Bibliothek verzeichnet diese Publikation in der Deutschen National-
bibliografie; detaillierte bibliografische Daten sind im Internet über http://dnb.d-
nb.de/ abrufbar.

Impressum:

Copyright © 2006 GRIN Verlag GmbH
Druck und Bindung: Books on Demand GmbH, Norderstedt Germany
ISBN: 978-3-638-91490-1

Dieses Buch bei GRIN:

http://www.grin.com/de/e-book/83803/phillip-ii-im-urteil-der-zeitgenossen-und-
spaeterer-historiker

GRIN - Your knowledge has value

Der GRIN Verlag publiziert seit 1998 wissenschaftliche Arbeiten von Studenten, Hochschullehrern und anderen Akademikern als eBook und gedrucktes Buch. Die Verlagswebsite www.grin.com ist die ideale Plattform zur Veröffentlichung von Hausarbeiten, Abschlussarbeiten, wissenschaftlichen Aufsätzen, Dissertationen und Fachbüchern.

Besuchen Sie uns im Internet:

http://www.grin.com/

http://www.facebook.com/grincom

http://www.twitter.com/grin_com

Phillip II.

<u>Im Urteil der Zeitgenossen und späterer Historiker</u>

Inhaltsverzeichnis:

1. Einleitung:

Philipp II. galt schon unter seinen Zeitgenossen als einer der herausragendsten Herrscherpersönlichkeiten der Antike.[1] Angesichts der Entwicklung Makedoniens und der Erfolge Philipps in seiner Regierungszeit kann an dieser Einschätzung auch kein Zweifel geübt werden. Allein die Beurteilung seiner Person, seines Charakters, seiner Absichten hat schon zu Lebzeiten Philipps große Kontroversen unter den Griechen hervorgerufen. Die vorliegende Arbeit beschäftigt sich nun mit diesen Kontroversen und versucht ein Bild Philipps II. zu zeichnen bzw. aus den überlieferten Quellen zu rekonstruieren. Wie wurde Philipp zu Lebzeiten beurteilt und welches Bild haben die nachfolgenden Historiker von ihm gezeichnet. Zu welcher Einschätzung kann oder muss der heutige Leser kommen, wenn er sich an einer Charakterstudie Philipps anhand der überlieferten Quellen versucht?

Meine ursprüngliche Absicht, durch einen „plutarch'schen" Vergleich der beiden Herrscherpersönlichkeiten „Philipp II. und sein Sohn Alexander der Große" die wesentlichen Charakterzüge, -Unterschiede wie Gemeinsamkeiten herauszuarbeiten, habe ich in Anbetracht des Umfanges, der den Rahmen einer Hausarbeit doch gänzlich sprengen würde, aufgeben müssen. So möchte ich einen solchen Vergleich nur an den Stellen heranziehen, wo er in der Tat primär eine prägnante und wichtige Perspektive auf die Beurteilung Philipps zulässt und nach sich zieht.

2. Quellensituation

Bevor ich auf die Quellen und die Auswertung dieser im Konkreten eingehen werde, ist es geboten zuvor auf die Quellensituation im Allgemeinen aufmerksam zu machen:
Alle zeitgenössischen Geschichtswerke sind uns leider nur noch als Fragmente erhalten bzw. nur dem Namen nach bekannt. Dazu zählen die Werke des Anaximenes, des Theopompos und des Ephoros von Kyme (gesammelt in: Die Fragmente der griechischen Historiker). Allerdings dienten sie zum Teil als Vorlagen für spätere, wenigstens teilweise erhaltene Werke.

---

[1] Theopomp (FgrHist 115 F 27 = Polyb.8,11,1,Übers.J.Engels) : « Theopomp erklärt gleich am Anfang seiner Geschichte Philipps, der Anlass für ihn, dieses Werk in Angriff zu nehmen, sei gewesen, dass Europa noch nie solch einen Mann hervorgebracht habe wie Philipp, den Sohn des Amyntas »

Eine wichtige Darstellung ist das 16. Buch der Universalgeschichte Diodors, der unter anderem Ephoros und Theopompus zur Vorlage hatte. Er bietet trotz zahlreicher chronologischer Mängel und historiographischer Schwächen die bedeutendste fortlaufende Erzählung der Ereignisse von 359-336.[2] Diodor kompilierte diese Arbeit ca. 60-30 v.Chr. Eine weitere durchlaufenden Abriss bietet Justin oder Iustinus aus dem 3.Jhdt. n.Chr. Diese Quelle ist gewissermaßen ein Exzerpt von einem Zehntel der Vorlage des Textes von Pompeius Trogus aus augusteischer Zeit, dessen Originaltexte leider nicht überliefert sind. Johannes Engels schreibt zu der Qualität des Textes von Justin:

„Noch stärker als bei Diodor wird die teils teleskopartige Verkürzung der Darstellung Justins durch krasse Missverständnisse, sachliche Ungenauigkeiten, störendes rhetorisches Beiwerk und Anekdotisches belastet. Diese methodisch-historiographischen Schwächen haben aber der enormen Popularität Justins als eines Schulautors in der Spätantike und im Mittelalter nicht geschadet.“[3]

Von sehr großer Bedeutung sind vor allem aber auch die erhaltenen Reden aus der Zeit Phillips, wie die von Demosthenes, Isokrates und Aischines, die zum Teil vollständig oder zumindest in inhaltsreichen Fragmenten vorliegen. Trotz ihrer natürlich gattungstechnisch bedingten, sehr subjektiven Intention und Prägung, die eine sehr vorsichtige Interpretation erfordert, werde ich dennoch diese Quellen in den Vordergrund meiner Arbeit stellen.
Denn gerade die kritische und vor allem zeitgenössische und damit direkte Auseinandersetzung mit Philipp II ist m.E. nach an Authentizität durch keine andere vorhandene Quelle zu überbieten.

3. Einleitung Hauptteil:

Ich habe mich nun an dieser Stelle dafür entschieden, die Erörterung auf Grundlage der Reden des wohl schärfsten Kritikers Philipps in seiner Zeit zu beginnen.
Demosthenes erscheint mir gerade in dieser Funktion als großer attischer Kontrahent als die bedeutendste Quelle, um eine Beurteilung Philipps zu beginnen, da man natürlich gerade bei Demosthenes davon ausgehen kann, dass Philipp hier sein kritischstes Portrait gefunden hat. Deshalb möchte ich von Demosthenes ausgehend versuchen, dieses Bild meinerseits einer

---

[2] Vgl. Johannes Engels: Philipp II. Und Alexander der Große, Darmstadt 2006 , S.9
[3] ebd., S.10

kritischen Analyse zu unterziehen und die jeweiligen Anschuldigungen unter Einbeziehung anderer zeitgenössischen Redner als auch der späteren Historiker einer Prüfung unterwerfen.

3.1 Hauptteil : Quellenauswertung

Wie erwähnt war der Athener Demosthenes schon zu Lebzeiten einer der entschiedensten politischen Gegner Philipps. Seine zeitgenössischen Reden gegen Philipp sind vor allem auch aufgrund ihrer rhetorischen Qualität in die Geschichte eingegangen. Als Abgesandter der 2. athenischen Gesandtschaft zur Ratifizierung des Philokratischen Friedens wies er als einziger die Gastgeschenke ab, die ihm Philipp wie den übrigen Gesandten machen wollte.[4]

Diese Geste verdeutlicht neben der ostentativen Ablehnung einerseits, auch das innerpolitische, komplizierte Ränkespiel der athenischen Parteien andererseits, - zwischen der „promakedonischen Friedenspartei"[5] um Eubulos, Aischines und Philokrates und der Gegenpartei um Demosthenes.[6] Demosthenes versuchte im Gegensatz zu der Friedenspolitik seiner Gegner, eine Allianz zwischen den Griechen aufzubauen, um die Vormachtstellung Philipps durch ein militärisches Gegengewicht zu brechen. Seine Zustimmung zum philokratischen Frieden 346, die ihn in die Gefahr der Unglaubwürdigkeit in Athen brachte, war natürlich der Tatsache geschuldet, dass Athen angesichts seiner geschwächten Position realistisch keine bessere Möglichkeit hatte, als zu diesem Zeitpunkt den Friedensvertrag und den damit verbundenen Zeitgewinn zu ratifizieren.

Demosthenes   verdeutlicht in seinen öffentlichen Reden vor allem immer wieder nachdrücklich, dass Philipp ein falscher und geltungssüchtiger Tyrann ist, der nicht aus eigener Kraft, sondern gerade aus der Nachlässigkeit der Athener zu solcher Macht aufsteigen konnte.

„Denn Philipp ist nicht so sehr durch seine Stärke als durch unsere Gleichgültigkeit zu solcher Macht herangewachsen.." (Demosthenes, Erste Rede gegen Philipp, 11)

und weiter:

---

[4] Dem. XIX 166-68
[5] der Begriff ist unter Historikern zwar umstritten, verdeutlicht aber doch prägnant die grundsätzlichen Unterschiede..
[6] an dieser Stelle sei auf R. Wüst, S.1ff verwiesen, der den komplizierten Konflikt der Parteiführer in seiner politischen Tiefe sehr gut wiedergibt..

„Denn ihr habt es ja, Männer von Athen, vor Augen, welchen Gipfel der Unverschämtheit dieser Mensch erreicht hat; er lässt euch nicht einmal die Wahl, zu handeln oder Ruhe zu halten, sondern er droht und führt, wie man sagt, übermütige Reden und kann sich nicht mit dem begnügen, was er in seine Gewalt gebracht hat, sondern er reißt immer noch mehr an sich und sucht uns, die wir zögern und untätig dasitzen, ringsum von allen Seiten zu umgarnen. "

(Demosthenes, Erste Rede gegen Philipp, 9)

Demosthenes versucht vor allem auch Philipp charakterlich schlecht und unglaubwürdig dastehen zu lassen. Er erklärt sogar, warum er versucht, Philipp zu verunglimpfen und als unmoralisch zu charakterisieren:

„Ihn nun wortbrüchig und unglaubwürdig zu nennen, ohne Beweise dafür zu erbringen, könnte man mit Recht als bloße Verunglimpfung bezeichnen. Das Verfahren aber, alle seine Unternehmungen durchzugehen und aufgrund von alledem diesen Tatbestand zu beweisen, bedarf glücklicherweise nur weniger Worte, außerdem halte ich aus zwei Gründen eine Darstellung für nützlich, einmal, damit Philipp, was auch in Wahrheit zutrifft, moralisch schlecht dasteht, und dann, damit diejenigen, die übergroße Angst vor ihm haben, als ob er unbezwingbar wäre, sehen, dass alle seine Mittel erschöpft sind, mit denen er früher durch Bluffen mächtig erschien, und er mit seinen Verhältnissen geradezu dem Ende zusteuert. (6) Denn auch ich würde auf Philipp mit hohem Respekt und großer Bewunderung blicken, wenn ich sehen würde, dass er durch rechtes Handeln zu seiner Macht emporgestiegen ist... Und überhaupt gibt es niemanden unter denen, die mit Philipp in Beziehung getreten sind, den er nicht betrogen hat. Denn dadurch, dass er jedes Mal den Unverstand derer, die ihn nicht kannten, täuschte und ausnutzte, erweiterte er seine Macht. " *(Demosthenes, zweite olynthische Rede, 5-6)*

Die Polemik ist offensichtlich und wohl geradezu gewollt, wobei die Verharmlosung von Philipps militärischer Stärke und seinem politischen Gewicht angesichts der nachfolgenden historischen Ereignisse doch frappierend unrealistisch ist.

„...wenn jemand aber aus Eigennutz und Schlechtigkeit wie dieser zu Macht kommt, so bringt der erste Anlass und zufällige Anstoß alles zum Sturz und setzt ihm ein Ende. Denn unmöglich, unmöglich ist es, Männer von Athen, dass jemand, der Unrecht tut, wortbrüchig

ist und betrügt, sich eine andauernde Macht schafft, vielmehr halten sich solche Gebilde nur einmal und für kurze Zeit." (Demosthenes, zweite olynthische Rede, 9-10)

Nimmt man Demosthenes hier beim Wort, denke ich, dass auch hier die Ereignisse das Gegenteil bewiesen haben. Mit dem Sieg von Chaironeia konnte Philipp auf eine andauernde Hegemonie über Griechenland hoffen und auch nach seinem Tod war es seinem Sohn Alexander gelungen, - auch wenn dies erst durch schnelle und harte Maßnahmen durchgesetzt werden musste, seine Vormachtstellung zu erhalten.

Philipp war vor allem auch ein großer Stratege und scheute vor politischen Intrigen und Ränkespielen sicher nicht zurück.[7] Aber auch den Vorwurf des Wortbruches und der Betrügerei Demosthenes gegen Philipp muss man m.E. relativieren, da Philipp wie eben auch wiederum die Ereignisse verdeutlichen, Diplomat genug war, um seine Vormachtstellung gerade auch durch einen geschickten Ausgleich der Interessen und immer wieder durch politische Bündnisse und Friedensangebote zu stärken. Nicht anders ist es zu erklären, dass er schließlich sogar, trotz seiner makedonischen und damit von den Griechen als barbarisch bezeichneten Herkunft den Vorsitz in der Amphiktionie erlangte, was trotz seiner Verdienste durch die Befreiung von den Phokern und seiner Machtposition keine Selbstverständlichkeit darstellte. Im Gegenteil wurde Philipp nun von manchen griechischen Intellektuellen als Hoffnungsträger und Führer einer panhellenischen Politik gesehen:[8]

„ Dies hatte ich im Sinn, als ich mich dafür entschied, was ich zu sagen habe, an dich zu richten, nicht dass ich dich ausgewählt hätte, um dir zu schmeicheln...sondern eher weil ich sah, dass alle anderen hochangesehenen Männer unter der Herrschaft und Kontrolle der politischen Ordnungen und Gesetze stehen, ohne die Macht, etwas zu bewirken, außer was ihnen vorgeschrieben wird, und dass sie ferner bedauerlicherweise ungeeignet für die Unternehmungen sind, die ich vorschlagen will. Während du alleine vom günstigen Schicksal freie Hand dazu erhalten hast, Gesandte zu senden, zu wem du willst, und solche ebenfalls zu empfangen, von wem du willst, und vorzutragen, was immer dir nützlich erscheint. Zudem verfügst du über größeren Reichtum und größere Macht als alle Hellenen, die einzigen Dinge

---

[7] vgl. Diodor 16, 95 , Übers. J.F.Wurm: «Philipp selbst soll sich mehr seiner Feldherrenklugheit und seiner glücklichen Unterhandlungen als des Muts im hitzigen Kampf gerühmt haben. Denn an einer gewonnenen Schlacht, sagte er, haben alle Kämpfer Teil, von dem glücklichen Erfolg der Unterhandlungen aber gebühre ihm allein der Ruhm."

[8] vgl. Johannes Engels: Philipp II. Und Alexander der Große, Darmstadt 2006, S.32

in der Welt, die gleichzeitig dazu geeignet sind, zu etwas zu überreden oder etwas zu
erzwingen. Und die Angelegenheit, die ich dir vorschlagen will, erfordert eben diese beiden
Qualitäten: Ich gebe dir nämlich den rat, dich an die Spitze der Einheit der Hellenen zu
stellen und einen Feldzug gegen die Barbaren anzuführen. So sehr nun Überredung und
Überzeugung hilfreich im Umgang mit Hellenen sind, so sehr wird Zwang nützlich sein, wenn
man s mit Barbaren zu tun hat." (Isokrates, Phil. 14-16, Übers. J.Engels)

Vor allem aber auch die Zögerlichkeit der athenischen Politik und die späteren
Schwierigkeiten, die eigene Mehrheit der athenischen Staatsbürger sowie die Bündnispartner
Philipps für einen gemeinsamen Angriff zu gewinnen, verdeutlichen, dass Philipp in seiner
Bündnispolitik durchaus versuchte mit Maß zu agieren. Dies zeigt im übrigen auch der
Ausbruch der späteren offenen Kriegserklärung Athens, in der dann beide Parteien versuchen,
dem anderen den Bruch der Friedensvereinbarungen und damit die moralische Schuld
zuzuschieben.[9]

Demosthenes beschreibt denn auch die taktisch wie psychologisch geschickte
Vorgehensweise Philipps bereits in seiner ersten Rede gegen Philipp treffend:

„Und mit dieser Einstellung hat er denn auch alles fest in seine Gewalt gebracht, und zwar
erwarb er das eine als Kriegsgewinn, das andere verschaffte er sich durch Bündnisse und
Freundschaftsverträge; denn alle sind bereit, sich mit denen zu verbünden und zu denen zu
halten, die sie gut gerüstet und zum notwendigen Handeln entschlossen sehen."
(Demosthenes, Erste Rede gegen Philipp, 6)

Das geschickte Vorgehen Philipps erschwerte es Demosthenes überhaupt, die Athener von
einem entschlosseneren und aktiveren Vorgehen gegen Philipp zu überzeugen. Die Art und
Weise, wie Demosthenes an einigen Stellen versucht, ein möglichst schlechtes und
barbarisches Bild von Philipp und seinen Gefährten zu zeichnen ist hierfür plakativ:

„Wenn aber jemand vernünftig ist und überhaupt ein rechtliches Empfinden hat, so sei er,
wenn er die tägliche Unmäßigkeit im Lebensstil, die Trunkenheit und die anstößigen Tänze
nicht ertragen kann, kaltgestellt und gelte nichts. Übriggeblieben sind demnach als Umgang
für Philipp nur Räuber, Schmarotzer und solche Menschen, die volltrunken Tänze von der Art

---

[9] vgl. Fritz R. Wüst: Philipp II. von Makedonien und Griechenland in den Jahren von 346 bis 338, München
1938, S.128ff

vorführen, bei denen ich mich scheue, sie vor euch hier mit Namen zu nennen. Es steht aber außer Zweifel, dass diese Aussage der Wahrheit entspricht; denn auch Menschen, die man einmütig von hier fortjagte, weil sie in ihrem Lebensstil noch weit ausschweifender als Gaukler waren, jenen Staatssklaven Kalias und ähnliche Leute, Possenreißer und Verfasser von Schandliedern, die sie auf die Gäste zum Spott machen, solche Menschen liebt Philipp und hat sie um sich. Das sind nun doch, Männer von Athen, auch wenn man sie als Trivialitäten ansieht, für Leute, die mit Vernunft urteilen, deutliche Beispiele seiner geistigen Verfassung und Anormalität." (*Demosthenes, zweite olynthische Rede,19*)

Demosthenes wirft hier eine Anzahl von unbelegten Schmähungen gegen Philipp, die schlichtweg eine Diskreditierung Philipps bewirken sollen.[10] Sieht man sich die erhaltenen Auszüge aus den Fragmenten Theopomps an, der als durchaus philipp-freundlich anzusehen ist[11], muss man allerdings in Bezug auf die Trunkenheit und das übermäßige Feiern in der Tat einen Wahrheitsgehalt vermuten.[12] Und schaut man sich die Quellen zu seinem Sohn Alexander an, wird man wohl auch den Schluss ziehen können, dass diese Untugend durchaus in der makedonischen Tradition stand. Die Diskriminierung des gesamten Gefolges Philipp erscheint mir doch sehr polemisierend, da Philipp wohl kaum eine solche Bedeutung erlangt hätte, wenn er sich allein auf unsichere und kriminelle Gefährten verlassen hätte.

---

[10] Wolfhart Unte beschreibt in seinem Nachwort die zahlreichen Invektiven der damaligen Redner als ein der Zeit gemäßes rhetorisches und anerkanntes Mittel, die Zuhörerschaft zu überzeugen: „In der innenpolitischen Auseinandersetzung ist sein Handeln aus der Gesellschaft seiner Zeit heraus zu verstehen, wo die persönliche Verunglimpfung und Herabsetzung des Gegners stark ausgeprägt war. Man mag diese Form politischen Umganges bei Demosthenes und seinen Zeitgenossen – vor allem in Athen – missbilligen, sie ist jedoch als ein aus dem Zeitgeist heraus zu sehendes Faktum hinzunehmen." vgl. Nachwort von Wolfhart Unte , S. 297 in: Demosthenes: Politische Reden, Übersetzt und herausgegeben von Wolfhart Unte, Stuttgart 1985
[11] vgl.Engelbert Drerup, Demosthenes im Urteile des Altertums, Würzburg 1923, S.22: „ Eher möchte man annehmen, dass Theopomp, der bei aller Anerkennung der Größe König Philipps doch den Schwächen seiner Persönlichkeit ohne Voreingenommenheit gegenüberstand, durch Anaximenes, den makedonischen Hofmann, an Makedonenfreundlichkeit noch überboten worden ist. "
[12] vgl. Polybius,8,11 =Theopomp, Übers. H. Drexler: „ Wenn es unter Griechen oder Barbaren irgendwo einen unzüchtigen oder schamlosen Menschen gab: alle sammelten sich in Makedonien am Hofe Philipps und erhielten den Titel eines Freundes des Königs. Er hatte ganz allgemein eine Abneigung gegen alle, die einen anständigen Lebenswandel führten und ihr Vermögen zusammenhalten, die Verschwender dagegen, Trunkenbolde und Spieler bevorzugte er und hielt sie hoch in Ehren. Und er bestärkte sie nicht nur in diesen Lastern, sondern machte sie auch zu Meistern in jeder Art von Verbrechen und Scheußlichkeiten sonst. Welche Ungeheuerlichkeit und Schändlichkeit haftete ihnen nicht an? ..." Theopomp, der sogar eine zeitlang an Philipps Hof gelebt hatte, wird hier von Polybius zitiert, der diesen wiederum scharf wegen seiner Schmährede kritisiert. Trotz dieser moralischen Verunglimpfung galt Theopomp aber als promakedonischer Fürsprecher, der für seine häufigen Schmähungen bekannt war. Ich werde mich an späterer Stelle noch genauer dieser scheinbaren Widersprüchlichkeit widmen.

Richtig ist es, dass Philipp zwangsläufig einen ungeheuren Ehrgeiz besessen haben muss und dass es ihm durchaus um den Ruhm gelegen war. Auch hier berichten die Quellen von den häufigen und gelassen hingenommenen körperlichen Verletzungen.

„Denn glaubt nicht, dass er und seine Untertanen dieselben Interessen haben, vielmehr verlangt er nach Ruhm und ist darauf erpicht und hat sich vorgenommen, wenn ihm bei seinen Kämpfen und Gefahren etwas zustößt, das hinzunehmen.

(Demosthenes, zweite olynthische Rede, 15)

Denn wenn unter ihnen ein Mann ist, der vom Kriegshandwerk etwas versteht, so sagte jener, dränge Philipp diesen stets aus Geltungsdrang zurück, da er will, dass es so aussieht, als ob alles sein Werk sei, denn außer seinen anderen Eigenschaften sei auch noch sein Geltungsdrang nicht zu überbieten...(Demosthenes, zweite olynthische Rede, 18)

Demosthenes gelingt es durchaus, auf die Gefahr Philipps aufmerksam zu machen, denn unweigerlich bedeutete Philipps Aufstieg zum Hegemon Griechenlands den Verlust von Macht und Selbständigkeit Athens[13]. Die Frage, die aber die Zeitgenossen beschäftigte, war wohl inwieweit Philipp seine Vormachtstellung de facto ausüben wollte.

Konnte und wollte er nicht doch zu einem gewissen Grad die Rolle eines panhellenischen Führers übernehmen und gerade dadurch eine Stabilität zwischen den einzelnen Stadtstaaten und politischen Gebilden herbeiführen? Sieht man sich die Politik Philipps nach dem Sieg von Chaironeia und vor allem die Konstitution des Korinthischen Bundes an, deutet vieles darauf hin, dass Philipp durchaus gewillt war, dieser Rolle gerecht zu werden und Athen und anderen Stadtstaaten seine Selbständigkeit zu überlassen und sogar zu garantieren.

Fritz R. Wüst schreibt in seinem Schlusswort zum Korinthischen Bund[14]:

„Philipp erneuerte also damals die alten Zustände, die alte „Ordnung“. Auf dieser Ordnung sollte der Korinthische Bund beruhen und sie wahren, eine, wie mir scheint, wichtige Erkenntnis für dessen Beurteilung. Wie konsequent er dabei war, zeigt sein Verhalten gegen

---

[13] Polybius dreht den Vorwurf um, und wirft Demosthenes gewissermaßen Geltungssucht und Eigennutz vor: „Er (Demosthenes) maß alle Dinge am Nutzen seiner eigenen Stadt, bildete sich ein, alle Griechen müssten auf Athen schauen, und wenn einer das nicht tat, hieß er ihn einen Verräter: ein schwerer Irrtum, wie mir scheint.." (Polybius, 8, 11)

[14] vgl. Wüst, S.174

Sparta. Er stellte die alte Ordnung wieder her, d.h. er beschränkte Sparta auf sein ursprüngliches Gebiet, dazu zwang er die Spartaner; in diesem Besitz hat er sie aber nicht gestört und sie auch nicht in den Korinthischen Bund hineingezwungen (Justin IX 5, 3), weil ein weiterer Eingriff in Spartas Bestand ein Verstoß gegen die alte Ordnung gewesen wäre und der Beitritt zum Korinthischen Bund nicht mit nackter Gewalt herbeigeführt werden sollte. Anders ist die Behandlung Spartas nicht zu verstehen; denn militärisch hätte es Philipp ohne weiters vernichten können. Dieses Verhalten ist wohl ein klarer Beweis, dass der Korinthische Bund kein Zwangsinstitut sein sollte, sondern eine wahre Einigung der Griechen bezweckte!"

Ich denke, dass hier der entscheidende Punkt für die Beurteilung Philipps umfasst wird. Bildlich gesprochen, kann man sagen, dass sich wohl in der historischen Betrachtung an dieser Frage die Waage entweder zugunsten oder gegen Philipp neigt. War er ein machtsüchtiger bzw. geltungssüchtiger Tyrann, wie ihn Demosthenes beschreibt, oder hatte er den Aufruf des Isokrates nach einem panhellenischen Führer in seine politische Weitsicht mit aufgenommen?

Isokrates jedenfalls schreibt in einen an Philipp gerichteten Brief vom Herbst 338:

„Früher, habe ich dich ermahnt, die Griechen zu überreden, dass sie dem Plan einer Einigung Griechenlands durch Dich Folge leisten; jetzt ist es nicht mehr nötig, viele Worte zu machen, jetzt müssen sie deinem Plan folgen."[15]

Johannes Engels sieht die Bereitschaft Philipps hierzu hingegen nüchterner, wenn er schreibt:

„Schließlich hätte eine allzu scharfe Behandlung Athens der panhellenischen Propaganda Phillips zu einem ungünstigen Zeitpunkt widersprochen. Thebens Bestrafung ließ sich zudem mit dem verräterischen Paktieren der Thebaner mit dem Perserreich in der Vergangenheit öffentlicher legitimieren.."[16]

---

[15] Isokrates: Brief III, 2
[16] vgl. Engels, S.38

und zu Sparta:

„Sparta vorerst seinen Willen zu lassen und seinen Beitritt zur Friedensordnung nicht zu erzwingen, zeigte doch die Freiwilligkeit der Mitgliedschaft der übrigen Staaten des Korinthischen Bundes augenfällig." [17]

In der Beurteilung Engels ist Philipps Verhalten nach dem Sieg von Chaironeia also auch nur von einem politischen Kalkül geprägt und stellt nur vorübergehende „Propaganda" dar.

Die Frage um den Willen Philipps in dieser panhellenischen Frage kann vielleicht letztlich nicht eindeutig geklärt werden, da Philipps Ermordung auch recht nahe an die Gründung des Korinthischen Bundes heranreicht. Auch benötigt eine umfassendere Erörterung dieser Frage sicher den Raum für eine eigene Hausarbeit.

Doch allein die Gründung des Korinthischen Bundes und den darauf bereits erfolgten Beschluss und das Vorhaben Philipps schon im Folgejahr gegen das Achaimenidenreich zu ziehen, demonstriert m.E. eine Haltung, die eher den Willen zur Einigung widerspiegelt, und den Wunsch nach dem Ruhm eines gerechten Feldherrn, als den Willen zur bedingungslosen Machtausübung und Kontrolle der gesamten Poleiswelt im Sinne und der Ausübung eines klassischen Tyrannen.

Schaut man sich wiederum die Eroberung Olynth's an, das nach Philipps Befehl planmäßig und vollständig zerstört wurde, ist dies in den Philipp-kritischen Betrachtungen natürlich ein Beispiel dafür, wie Engels schreibt:

„dass Philipp in seiner Kriegsführung trotz allen öffentlich propagierten Hellenentums auch gegen griechische Poleis genauso brutal vorgehen konnte, wie er es in seinen Kriegen gegen ‚barbarische' Illyrer oder Thraker regelmäßig tat. Die Vernichtung Olynths lag noch jahrelang als ein dunkler Schatten auf dem Ansehen Phillips in der griechischen Poliswelt." [18]

Ich denke, dass die Entscheidung um die Behandlung von Olynth wiederum eine Strategiefrage beinhaltete. Das Vorgehen lässt sich noch besser bei seinem Sohn Alexander wiederfinden, der ebenfalls grausam wie milde in der Behandlung seiner Feinde agierte. Wiedersetzte sich eine belagerte Stadt beharrlich, konnte die folgende vollständige Zerstörung als abschreckendes Beispiel für die nachfolgenden Belagerungen dienen. Ich denke, dass

---

[17] ebd.
[18] Vgl. Engels, S.30

12

diese Überlegung auch in Philipps Berechnungen im Vordergrund stand, auch wenn er sich in dieser Überlegung bzw. den Konsequenzen geirrt haben mag.

4. Fazit:

Die Untersuchung der zeitgenössischen Quellen hat gezeigt, dass Philipp in erster Linie als bedeutender und großer Feldherr und ungeheuer geschickter Stratege empfunden wurde. Auch die Kritiker seiner Zeit mussten diese Größe anerkennen, die bis zu den Erfolgen seines Sohnes wohl einzigartig in der Geschichte Griechenlands gewesen ist, das vor Philipp noch keinen solchen Monarchen kennen gelernt hatte. Dabei schaffte es Philipp dennoch sich ein solches Vertrauen zu erringen, dass der Widerstand, der in der Schlacht zu Chaironeia gipfelte, von den demokratischen Poleis stets heftig diskutiert wurde. Zum Teil natürlich in der rationalen Einschätzung der eigenen Unterlegenheit, aber auch wie das Beispiel des Redners Isokrates zeigt, in dem Glauben, dass Philip als panhellenischer Führer eines vereinten Griechenlands, auch unter seiner Kontrolle durchaus ein Gewinn für die Einigkeit und Koexistenz der verschiedenen Stadtstaaten wäre. Der Korinthische Bund und die unerwartet wohlwollende Behandlung Athens nach der Schlacht von Chaironeia können als Bestätigung dieser Erwartungen m.E. nach interpretiert werden. Man kann natürlich auch argumentieren, dass Philipp hier wieder nur mit Berechnung und vermeintlichem Wohlwollen agiert haben mag, was letztlich nicht in aller Entschiedenheit verworfen werden kann. Philipp ging es aber meiner Einschätzung nach auch um einen nachhaltigen Ruhm und die Anerkennung durch die griechische Kultur. Dies macht auch sein politisches Handeln deutlich, das sich an den griechischen Normen und Gewohnheiten orientierte[19] und zum Beispiel in der Tatsache, dass er seinen Sohn Alexander durch den griechischen Philosophen Aristoteles erziehen ließ, Bestätigung findet.

Bei Alexander dem Großen wird dieses Streben nach Ruhm schließlich überdeutlich und man kann kaum annehmen, dass dies nicht durch das Beispiel des Vaters bestärkt worden sei. Wie Plutarch in einer Anekdote berichtet, soll Philipp nach dem Sieg von Chaironeia auf die Frage

---

[19] Diese Annahme wird auch durch die thebanische Geiselhaft Philipps in seiner Jugend bestärkt, die Diodor als wichtige Erfahrung und Ausbildung Philipps zu einem ausgezeichneten Mann beschreibt. Es ist kaum anzunehmen, dass Philipp in dieser Phase der Entwicklung nicht durch diesen für Philipp neuen kulturellen Einfluss geprägt wurde, der im Vergleich zu den zu diesem Zeitpunkt anzunehmenden einfacheren makedonischen Verhältnissen doch bestimmt eine nachhaltige Erfahrung war. Vgl. Diodor,16, 2, Übers.F.Wurm: „Da Epaminondas einen pythagorischen Philosophen zum Lehrer hatte, so erwarb sich Philipp, der mit ihm erzogen wurde, eine genaue Kenntnis der pythagorischen Grundsätze. Beide Schüler brachten gute Anlagen und eifrigen Fleiß mit, und so wurde jeder ein ausgezeichneter Mann. Epaminondas verschaffte seiner Vaterstadt, indem er sich den größten Kämpfen und Gefahren unterzog, unverhofft die Oberherrschaft in Griechenland, und Phillip, der auf demselben Wege begann, blieb nicht hinter dem Ruhm des Epaminondas zurück."

nach den Besatzungen der Städte hin geantwortet haben: „Er wolle lieber in Hellas lange beliebt sein als kurze Zeit Despot."[20] Dieser Ausspruch lässt natürlich beide Interpretationen offen, einerseits den Wunsch respektiert zu werden, andererseits die Furcht vor einer kurzen Regentschaft. Und ich denke, dass Philipp auch eben diese beiden Erwägungen in sich trug.

Seine Machtposition nach dem Sieg von Chaironeia war sicher entschieden, aber wäre er als ungerechter Despot aufgetreten, hätte er stets mit Unruhen und deutlicheren Widerständen zu rechnen gehabt. Warum sollte er also gefährden, was ihm mit dem Wohlwollen und der Anerkennung der Griechen doppelt so sicher und günstig ausfiel. Den Wunsch nach einer Tyrannei trug er sicher nicht in sich, dafür war er zu besonnen. Und nicht ohne Grund ziehen dann wohl Historiker wie Theopomp, Polybius[21] und Diodor[22] ein positives Fazit, wenn sie Philipps Taten Revue passieren lassen. Nimmt man nun Demosthenes als auch Theopomp beim Wort, der als Zeitzeuge und Historiker einige Zeit an Philipps Hof verbracht hat, lassen sich bei Philipp durchaus eine Anzahl von sittlichen Lastern wiederfinden, um mit der Trunkenheit nur eines der von Theopomp aufgezählten zu nennen.[23] Trotz dieser tiefen Schmähungen, die Polybius selbst als Widerspruch zu dem Gesamtwerk Theopomps empfindet, zieht nun Theopomp dennoch nach heutigem Forschungsstand ein positives Fazit der Regentschaft Philipps. Dies dann vermutlich in der Überzeugung, dass die Taten vor den charakterlichen Schwächen zu werten seien. Und vielleicht ist dies sogar die Beurteilung, die

---

[20] vgl. Plut.Adophth.Reg.177c

[21] Polybius ist unter diesen dreien wohl als der glühendste Verehrer zu sehen und übertreibt wohl auch, wenn er Philipp geradezu nachdrücklich eine Milde und Menschlichkeit attestiert, die doch in anderen Situationen wie bei der Behandlung von Olynth nachweislich nicht zu erkennen war. vgl. Polybius, 5,10, Übers. H.Drexler: „ Auch der, der, der Makedonien groß gemacht und den Ruhm seines Hauses begründet hat, Philipp, der Sieger über die Athener bei Chaironeia, hat nicht so viel mit seinen Waffen wie durch Milde und Menschlichkeit ausgerichtet. Denn im Krieg und durch die Entscheidung der Waffen wurde er Sieger und Herr nur über die, die ihm in der Feldschlacht gegenüberstanden, durch seine Güte und Mäßigung aber gewann er die Athener mitsamt ihrer Stadt sich zu eigen. Er ließ sich nicht vom Zorn zu schärferen Maßnahmen hinreißen, sondern führte den Kampf nur solange, bis er Gelegenheit fand, seinen milden und edlen Sinn zu beweisen. Denn indem er die Gefangenen ohne Lösegeld entließ, den gefallenen Athenern die letzten Ehren erwies, Antipatros beauftragte, ihre Gebeine nach Athen zu bringen, und die heimkehrenden Gefangenen mit Kleidung versah, erzielte er durch seine Klugheit mit geringem Einsatz den größten Erfolg: seine Hochherzigkeit überwand den stolzen Sinn der Athener, so dass er sie sich aus Feinden zu bereitwilligen und eifrigen Waffengefährten machte."

[22] Diodor,16,1, Übers. F.Wurm: „Er war vierundzwanzig Jahre König der Macedonier und erhob, wiewohl ihm sehr geringe Hilfsmittel zu Gebot standen, sein Reich zu dem mächtigsten Fürstenstaat in Europa... Durch seine Tatkraft gewann er die Obergewalt über ganz Griechenland, indem sich die Städte freiwillig ihm unterwarfen...Weil er die Räuber, die das Heiligtum zu Delphi geplündert hatten, bezwang und sich des Orakeltempels annahm, wurde er in den Amphikthonenrat aufgenommen und erhielt zum Lohn seiner Ehrfurcht gegen die Götter die Stimmen der überwundenen Phocier. ...Als ihn aber das Verhängnis übereilte, hinterließ er so zahlreiche und so treffliche Heere, dass sein Sohn Alexander keiner fremden Beihilfe zum Sturz der persischen Macht bedurfte. Und das richtete er nicht durch die Gunst des Glücks, sondern durch eigene Kraft aus. Denn durch richtigen Blick als Feldherr, durch Tapferkeit und durch Hoheit der Gesinnung zeichnete sich dieser König aus."

[23] Da mir die Passage im Zitat innerhalb der Erörterung zu lang erschien, füge ich sie der Nachvollziehbarkeit wegen in einen Anhang ein

dem Bild Philipps am nächsten kommt und die dann die Arbeit abschließend, das doch sehr ambivalent gezeichnete Bild des Historikers Justin in ein erklärlicheres Licht taucht:

„Als König hatte er mehr übrig für Waffen als für den höfischen Prunk seiner Tafel, und Kriegsgerät galt ihm als der größte Schatz; Reichtum zu erwerben war er geschickter, als ihn zu bewahren. Deshalb hatte er bei seinen alltäglichen Räubereien immer kein Geld. Zu Weichherzigkeit und Verschlagenheit war er gleichermaßen geneigt. Kein Mittel zu siegen war ihm zu schlecht. Liebenswürdig und heimtückisch war er dicht nebeneinander, auch einer von denen, die im Gespräch mehr versprechen, als sie dann halten; sich ernst oder lustig zu geben, verstand er meisterhaft. Freundschaften pflegte er nach dem Nutzen, nicht nach der Treue. Wohlwollen zu heucheln, wo er hasste, Hass zu säen zwischen Einträchtigen, bei beiden Parteien sich Liebkind zu machen, das war ihm die Regel. Dabei verfügte er über Redegabe und eine wirksame Sprechweise, sprühend vor Geist und Wendigkeit, so dass es dem Prunk nicht an Grazie und der Anmut seiner Einfälle nicht an Würde fehlte.

Im folgte sein Sohn Alexander nach, der an Tugenden und an Lastern den Vater noch überbot. So war auch beider Taktik zu siegen ganz verschieden. Dieser führte seine Kriege offen, jener durch Tücken. Jener frohlockte, wenn er die Feinde übertölpeln, dieser, wenn er sie in freier Feldschlacht werfen konnte. Klüger war jener im Pläneschmieden, dieser großartiger in hohem Mut. Zorn wusste der Vater zu verhehlen, meist auch zu überwinden; wenn der Sohn dagegen einmal in Flammen stand, da gab es weder Maß noch Aufschub der Rache. Dem Wein waren beide nur zu sehr verfallen, aber die argen Folgen der Trunkenheit zeigten sich auf ganz verschiedene Weise: Der Vater pflegte auch stracks vom Gelage weg gegen den Feind anzustürmen, den Nahkampf zu suchen, sich leichtfertig der Gefahr auszusetzen; Alexander dagegen wütete nicht gegen den Feind, sondern gegen seine eigenen Leute. Deshalb entließen die Schlachten Philipp oft verwundet, dieser aber ging oft als Mörder seiner Freunde vom Gelage weg. Im Kreis der Freunde wollte jener nicht den König spielen, dieser aber kehrte gerade gegen seine Freunde den König heraus. Dem Vater lag mehr daran, geliebt zu sein, diesem daran gefürchtet zu werden. Hinsichtlich ihres Interesses an wissenschaftlichen Fragen waren beide sich sehr ähnlich. Der Vater war von größerer Geschicklichkeit, dieser von größerer Treue. In Worten und Reden wusste Philipp, in Taten Alexander besser Maß zu halten. Besiegte zu schonen hatte der Sohn den bereiteren und edleren Sinn. Der Vater hielt es mehr mit einem kargen, der Sohn mit einer üppigen

Lebensführung. Durch solcherlei Künste baute der Vater die Grundmauern der Weltherrschaft, der Sohn aber krönte das Werk mit höchstem Ruhm. "[24]

---

[24] Justin, 9,8, Übers. Otto Seel

5. Anhang:

Zitate von Polybius bzw. Theopomp (Polybius, 8,11-13):

11. „Am meisten Tadel verdient in dieser Hinsicht Theopomp. Er erklärt zu Anfang seiner Geschichte Phillips, der Anlass für ihn, dieses Werk in Angriff zu nehmen, sei gewesen, dass Europa noch nie einen solchen Mann hervorgebracht habe wie Phillip, den Sohn des Amyntas; dann aber sogleich, in der Anleitung wie in dem ganzen Geschichtswerk, stellt er ihn hin als völlig hemmungslos in sexuellen Dingen, bis zu dem Grade, dass er, soviel an ihm lag, durch seine noblen Passionen auf diesem Gebiet sein eigenes Haus zugrunde gerichtet habe, als bar jeder Gerechtigkeit und jeder Rücksicht auf seine Freunde und Bundesgenossen und deren Interessen, als einen Mann, der viele Städte mit List, Verrat und Gewalt erobert und versklavt habe, der schließlich so unmäßig gewesen sei im Weingenuss, dass er sich oft genug sogar am helllichten Tag in betrunkenem Zustand seinen Freunden gezeigt habe. Wenn aber jemand den Anfang seines neunundvierzigsten Buches lesen mag, dann wird er vollends staunen über die Ungereimtheiten, die jener uns anbietet. Um von anderem zu schweigen, wagt er dort folgendes zu sagen – ich führe die Stelle im Wortlaut an: ‚ Wenn es unter Griechen oder Barbaren irgendwo einen unzüchtigen oder schamlosen Menschen gab: alle sammelten sich in Makedonien am Hofe Philipps und erhielten den Titel eines Freundes des Königs. Er hatte ganz allgemein eine Abneigung gegen alle, die einen anständigen Lebenswandel führten und ihr Vermögen zusammenhalten, die Verschwender dagegen, Trunkenbolde und Spieler bevorzugte er und hielt sie hoch in Ehren. Und er bestärkte sie nicht nur in diesen Lastern, sondern machte sie auch zu Meistern in jeder Art von Verbrechen und Scheußlichkeiten sonst. Welche Ungeheuerlichkeit und Schändlichkeit haftete ihnen nicht an? Was gäbe es Gutes und Edles, das ihnen nicht ferngelegen hätte? Die einen ließen sich, erwachsen, noch rasieren, damit ihre Haut so weich wäre wie die eines Buhlknaben, andere trieben miteinander Unzucht als bärtige Männer. Sie führten zwei oder drei Lustknaben mit sich herum und ließen sich gleichzeitig selbst von anderen in derselben Weise missbrauchen. Daher muss man sie mit Fug und Recht nicht Freunde, sondern ‚Freundinnen' nennen, nicht Soldaten, sondern Dirnen, Messerhelden von Natur, zu Männer-Huren entartet. Kurz und bündig gesagt – denn ich darf mich nicht verlieren angesichts der Fülle des Stoffs, den ich zu bewältigen habe: die sogenannten Freunde und Gefährten Philipps waren bestialischer als die Kentauren auf dem Pelion, als die Laistrygonen in der Ebene von Leontinoi, oder was die Sage sonst für Untiere kennt.'

12. Dieses giftige Urteil und diesen gemeinen Ton des Historikers wird jeder missbilligen. Nicht nur, dass er sich zu den Worten der Einleitung, mit denen er das Thema ankündigt und begründet, in Widerspruch setzt, verdient scharfen Tadel, sondern auch, dass er den König und seine Freunde zu Unrecht beschuldigt, am meisten aber, dass er seine Lügen in so niedriger, widerwärtiger Weise vorträgt. Wenn jemand über Sardanapal und dessen Gesellen spräche, würde er kaum wagen, in einem so unflätigen Ton zu reden, einen Mann, dessen ausschweifender Lebenswandel doch die Grabinschrift folgenden Wortlauts bezeugt...

Was Philipp und seine Freunde betrifft, so sollte man sich hüten, ihm Weichlichkeit und Unmännlichkeit, ja Schamlosigkeit vorzuwerfen; im Gegenteil, wenn man ihn preisen will, wird man Mühe haben, angemessene Worte zu finden für seine Tapferkeit, seine Ausdauer in Strapazen, überhaupt für die Größe des Mannes und seiner Freunde, die offensichtlich durch ihre Anstrengungen und ihren Wagemut Makedonien aus einem unbedeutenden Fürstentum zu einem mächtigen und ruhmvollen Reich gemacht haben. Wenn man aber von den Erfolgen zu Philipps Lebzeiten ganz absieht: die Taten, die nach seinem Tode unter Alexanders Führung vollbracht worden sind, haben ihnen in aller Welt unbestritten den höchsten Ruhm erworben. Sicher wird man Alexander trotz seiner Jugend als dem obersten Befehlshaber einen bedeutenden Teil an diesem Ruhm zubilligen, einen nicht geringeren jedoch auch seinen Freunden und Kampfgefährten, die über den Gegner in vielen Schlachten bewundernswürdige Siege davongetragen, viele Mühen und Strapazen auf sich genommen, schwerste Gefahren mutig bestanden haben, und obwohl sie größten Reichtum und unbegrenzte Mittel gewannen, um alle ihre Wünsche und Begierden zu befriedigen, deshalb doch weder ihre körperliche Leistungsfähigkeit einbüßten noch geistig erschlafften noch Recht und Gerechtigkeit missachteten noch in Ausschweifungen versanken, sondern sich alle, so kann man wohl sagen, ohne Ausnahme durch hohen Sinn, Selbstzucht und kühnen Mut als Männer von königlichem Rang erwiesen haben – und eben sie hatten Philipp und Alexander am nächsten gestanden: ich brauche sie nicht mit Namen zu nennen...

13.Entweder war er also in der Einleitung, in der er den Plan seines Werkes entwickelt, ein Lügner und Schmeichler, oder er muss hinsichtlich seiner Behauptungen im einzelnen als gänzlich albern und kindisch bezeichnet werden, wenn er sich einbildete, einerseits durch seine unvernünftige, verwerfliche Schmähsucht an Glaubwürdigkeit zu gewinnen, andererseits mehr Beifall zu ernten, mit seinen lobenden und preisenden Äußerungen über Philipp...

Für die Schmähungen gegen Philipps Freunde gibt es keine Rechtfertigung, sondern man hat einfach die Verletzung seiner Pflicht als Historiker festzustellen."

Literaturverzeichnis:

Quellen:

1) Demosthenes: Politische Reden, Übersetzt und herausgegeben von Wolfhart Unte, Stuttgart 1985

2) Pompeius Trogus: Weltgeschichte von den Anfängen bis Augustus, im Auszug des Justin, übersetzt und erläutert von Otto Seel, München 1972

3) Polybius: Geschichte, eingeleitet und übertragen von Hans Drexler, Zürich 1978

4) Isokrates: Sämtliche Werke, übersetzt von Christine Ley-Hutton, Stuttgart 1997

5) Diodor von Sicilien: Historische Bibliothek, Buch 16, übersetzt von J.F.Wurm, Stuttgart 1837

Sekundärliteratur:

1) Peter Bamm, Alexander der Große, 1968 Zürich

2) Alfred S.Bradford: Philip II of Macedon: a life from the ancient sources, Westport 1992

3) Engelbert Drerup: Demosthenes im Urteile des Altertums, Würzburg 1923

4) Johann Gustav Droysen: Geschichte Alexanders des Großen, nach d. Text d. Erstausgabe 1833, Zürich 1986

5) Johannes Engels: Philipp II. Und Alexander der Große, Darmstadt 2006

6) Michael Flower: Theopompus of Chios, Oxford 1994

7) Egon Friedel: Phillipp und Alexander in: Streifzüge durch die Antike, Hg. Andreas Patzer, München 1995

8) N.G.L. Hammond: Philip of Macedon, London 1994

9) Nicholas Hammond: Alexander der Grosse, Berlin 2004

10) Werner Jaeger: Demosthenes – Der Staatsmann und sein Werden, Berlin 1963

11) Frances Pownall: Lessons from the Past, The Moral Use of History in Fourth-Century Prose, Michigan 2004

12) Günter Ramming: Die politischen Ziele und Wege des Aischines, Nürnberg 1996

13) Hans-Ulrich Wiemer: Alexander der Große, München 2005

14) Wolfgang Will: Alexander der Große, Geschichte Makedoniens, Band 2, Stuttgart 1986

15) Fritz R. Wüst: Philipp II. von Makedonien und Griechenland in den Jahren von 346 bis 338, München 1938